Manager, Menschen und Monarchen

Jürgen Fuchs ist Generalbevollmächtigter der PLOENZKE AG. In den letzten dreizehn Jahren hat er das Unternehmen in mehreren leitenden Funktionen mitgestaltet. Nach seinem Studium der Mathematik, Physik und Philosophie war er zehn Jahre lang bei der IBM tätig, zuletzt als Manager im Vertrieb. Er beschäftigt sich mit dem Redesign von Unternehmen und der Einführung lernender Organisationen. Die Gedanken und Praxisbeispiele hat er in zwei Büchern veröffentlicht: „Das biokybernetische Modell: Unternehmen als Organismen" und „Wege zum vitalen Unternehmen".

Jürgen Fuchs

Manager, Menschen und Monarchen

Denk-Anstößiges für Leitende und Leidende

Mit Aquarellzeichnungen von Horst Schwarz

Campus Verlag
Frankfurt/New York

Die Deutsche Bibliothek – CIP-Einheitsaufnahme

Fuchs, Jürgen:
Manager, Menschen und Monarchen: Denk-Anstössiges für Leitende und Leidende / Jürgen Fuchs. Mit Ill. von Horst Schwarz. – Frankfurt/Main; New York : Campus Verlag, 1995
ISBN 3-593-35373-3

Umschlaggestaltung: Atelier Warminski, Büdingen
Umschlagmotiv: Aquarellzeichnung von Horst Schwarz
Druck und Bindung: Druckhaus Beltz, Hemsbach
Gedruckt auf säurefreiem und chlorfrei gebleichtem Papier.
Printed in Germany

Inhalt

Vorwort

„Sag, was Du denkst, tu, was Du sagst", so heißen die Empfehlungen für authentische Manager. Kein Wunder, daß sie ihre Mitarbeiter handhaben. Denn das Wort Manager kommt von maneggiare (ital.) und bedeutet dressieren, handhaben, wie in der Manege. Viele alltägliche Worte zeigen uns den Weg durch die Unternehmen: dort teilen sich Abteilungen ab, und Zuständige sind ständig zu. Die Untergebenen sind unten und geben. Die Vorgesetzten werden vorgesetzt und sitzen dann vor, bis sie abgesetzt werden. Die Sachbearbeiter bearbeiten ihre Sachen und nicht ihre Kunden. Denn die Kunden sind ja nur die Abnehmer, die dankbar das abnehmen, was am Ende des Fließbandes herauskommt. In den letzten Jahren wird allerdings der Kunde durch Informationstechnik kundig gemacht, und er gibt jetzt Kunde – per Fax. Der kundige Kunde will kundige Mitarbeiter, die etwas für ihn unternehmen und nicht dauernd unterlassen. Das führt zur Renaissance der Menschen in den Unternehmen. Totes Vermögen verliert an Wert gegenüber lebendigem Vermögen: das, was die Mitarbeiter vermögen. Die neuen Chefs ent-decken die Mitarbeiter und ent-fesseln sie, damit sie sich ent-puppen und ent-falten können. Das ist die vernünftige Rationalisierung: Menschen vernünftig machen und dieses vernünftig machen.

Diese Buch möchte in Wort und Bild den Sinn und Unsinn des Unternehmensalltages entlarven. Es will Denkanstöße geben, die zwar etwas anstößig sind, manchmal auch schmerzhaft. Es will zum Nach-Denken anregen, aber auch zum Vor-Denken, und es möchte den Menschen Mut machen, etwas zu unternehmen gegen die Gedankenlosigkeit, mit der Menschen von vielen Unternehmen mißachtet werden – als Mitarbeiter und als Kunden.

Das Wichtigste steht zwischen den Zeilen, denn: „Der Mensch sieht nur mit dem Herzen gut. Das Wesentliche ist für die Augen unsichtbar." (Saint-Exupéry)

Jürgen Fuchs
Frankfurt, August 1995

1. Die Organisation: Lehnspyramide der Lebenspyramide

In der Natur ist nichts gerade – aber alles gerade richtig.
In der Natur ist nichts gleich – aber alles im Gleichgewicht.
In der Natur ist nichts starr – aber alles stabil.
In der Natur ist nichts angeordnet – aber alles in Ordnung.
(Solange der Mensch nicht eingreift.)

Die Natur liebt die Vielfalt – nicht die Einfalt.

Die Macht der Statussymbole

Die Zeremonie ist schon beeindruckend: Fünf honorige Herren in dunklen Anzügen vollziehen eine heilige Weihe an einem noch nicht so honorigen Mann, heute auch in Dunkel: Der Vorstand ernennt einen Manager. Der Vorsitzende des Vorstands (er darf sitzen, während die anderen stehen) erhebt sich und überreicht dem vor Ehrfurcht erblassenden Kandidaten die Beförderungsurkunde. Er überträgt ihm Personalverantwortung. Er gibt ihm Macht über andere. Jetzt hat er Menschen unter sich. Man befördert ihn nach oben in den Adelsstand der Manager. Man schlägt ihn sozusagen zum Ritter. Der Kandidat glüht vor Aufregung und Stolz. Denn hinter dem Ritual steckt Methode. Man appelliert an den männlichen Instinkt, im Rudel über anderen zu stehen, einen höheren Status zu haben – mit allen Statussymbolen.

Das Ritual ist seit Jahrhunderten unverändert. Einst vergaben Könige Lehen an ihre Kronvasallen und diese an ihre Nachkommen. Die Vasallen schuldeten für diese Lehen Kriegsdienste, Abgaben und ewige Treue. Der Aufstieg in den Adelsstand bedeutete damals wie auch heute „Karriere". Früher bekam man Grund und Boden als Lehen, samt der dazugehörigen Leibeigenen. Heute erhält man eine Abteilung, samt der dazugehörigen Untergebenen – die sind unten und geben.

Die „Berufung an Hofe" macht stolz. Endlich ist man Leiter – aber noch unten auf der Leiter. Diese Frustration durchlebt jeder neue Chef nach seinem Ritterschlag. Oben ist er noch nicht, aber unten ist er nicht mehr. Für seine ehemaligen Kolleginnen und Kollegen ist er jetzt Hierarch. Man begegnet ihm mit etwas Respekt, aber auch Distanz. Für seine neuen Kollegen, die altgedienten Manager, ist er der Neue, der zu ihnen aufsteigen und ihnen den Platz streitig machen will.

Eigentlich war er ein toller Fachmann, ein beliebter Kollege, den jeder fragte und fragen konnte. Er war gefragt, weil er viel zu sagen hatte. Jetzt macht man ihn zum Manager, weil man seine fachlichen und menschlichen Leistungen honorieren wollte und weil er mehr Geld bekommen sollte. Die neue Gehaltserhöhung war aber laut Tarifvertrag nicht mehr für „produktive" Menschen vorgesehen, sondern nur für Führungskräfte. Ein verrücktes System. Nur, damit gute Leute ein angemessenes Gehalt bekommen können, macht man sie zu Managern. Die Mannschaft verliert dabei einen tollen Kollegen, das Unternehmen einen hochproduktiven Fachmann, und viele solcher Führungskräfte wären besser Fachleute geblieben.

So aber wächst der Wasserkopf. Und wohl fühlt sich der neue Manager auch nur kurz. Er ist zwar stolz auf seinen neuen Besitz, seine neuen Statussymbole: den größeren Schreibtisch, den Stuhl mit Armlehnen und das Einzelzimmer. Aber die menschliche Isolation und der Verlust an fachlicher Kompetenz machen ihm zu schaffen. Dagegen jedoch gibt es ein probates Mittel: den Aufstieg in die nächste Hierarchieebene. Mehr Geld, größeres Zimmer, Nennung des Namens im Konzern-Organigramm, eine eigene Sekretärin und noch mehr Mitarbeiter.

Die Größe des Zimmers, des Dienstwagens und der „Truppen" vermitteln Rang und den Eindruck von Macht wie beim Militär. Statussymbole machen abhängig. Die Menschen werden Gefangene des Systems. Das Verfahren hat Methode und erinnert daran, wie man in Afrika Affen fängt: An den Fuß eines Baumes legt man leere Flaschen und bindet sie fest. Die Öffnung ist so groß, daß der Affe seine Hand hinein- aber auch wieder herauszwängen kann. In diese Flasche legt man Nüsse. Die Affen sehen die Nüsse, greifen in die Flasche und umklammern die Nuß. Aber mit der Faust kommen sie nicht mehr los. Sie sind Gefangene, weil sie nicht loslassen.

Der König vergibt ein Lehen.

Der Vorstand ernennt einen Manager.

Die Ernennung zum Abteilungsleiter

Das Unternehmen besteht aus

- **Abteilungen**, die sich ab-teilen
- **Positionen**, die mit Menschen bekleidet werden
- **Stellen**, die mit Menschen besetzt werden
- **Zuständigen**, die ständig zu sind
- **Mitarbeitern**, die für ihre Chefs arbeiten (nicht für ihre Kunden)
- **Untergebenen**, die unten sind und geben.

Ganz unten ist der Kunde.
Er wird oft mit Füßen getreten.
Im Organigramm kommt er ja auch nicht vor.

Die Unternehmenspyramide

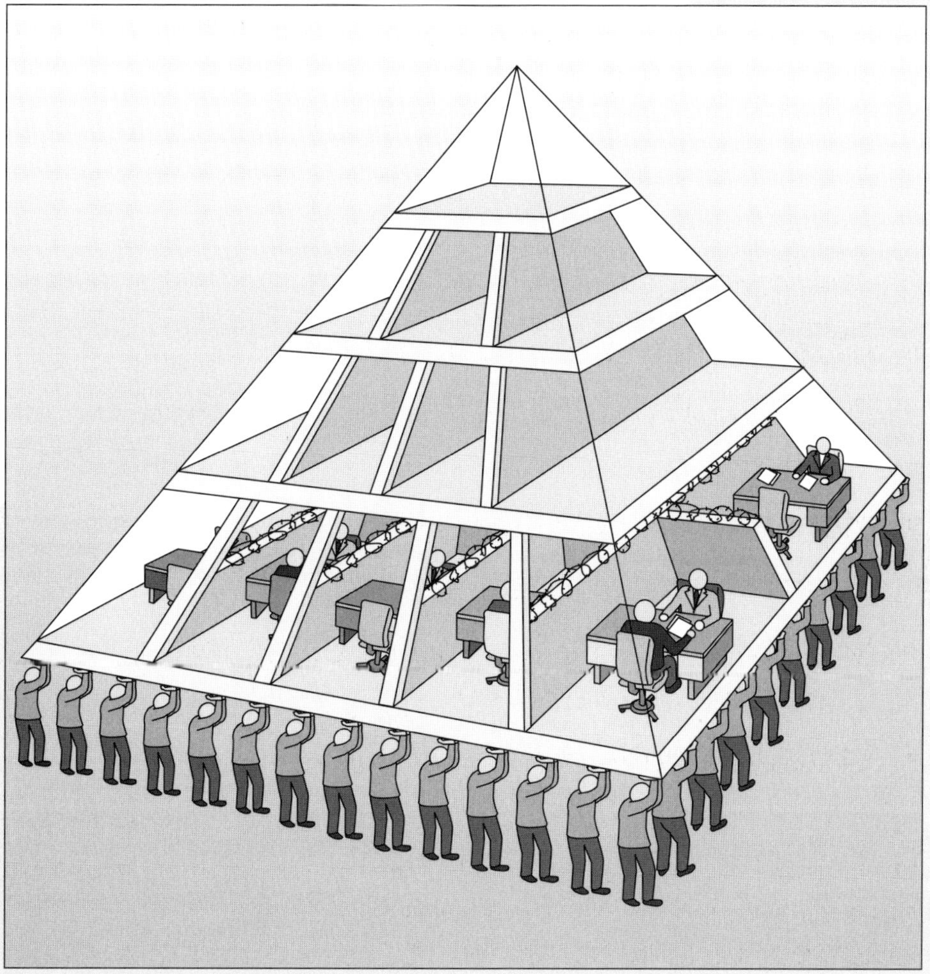

„Ganz oben sitzen Kaiser und König.
Dann kommen die Kronprinzen und Lehnsleute,
danach die Wasserträger, dann die Erbsenzähler.
Ganz unten sind die, die wirklich arbeiten“

(Eric J. Lejenne, Consumer Electronics, 1990)

Die Lehnspyramide

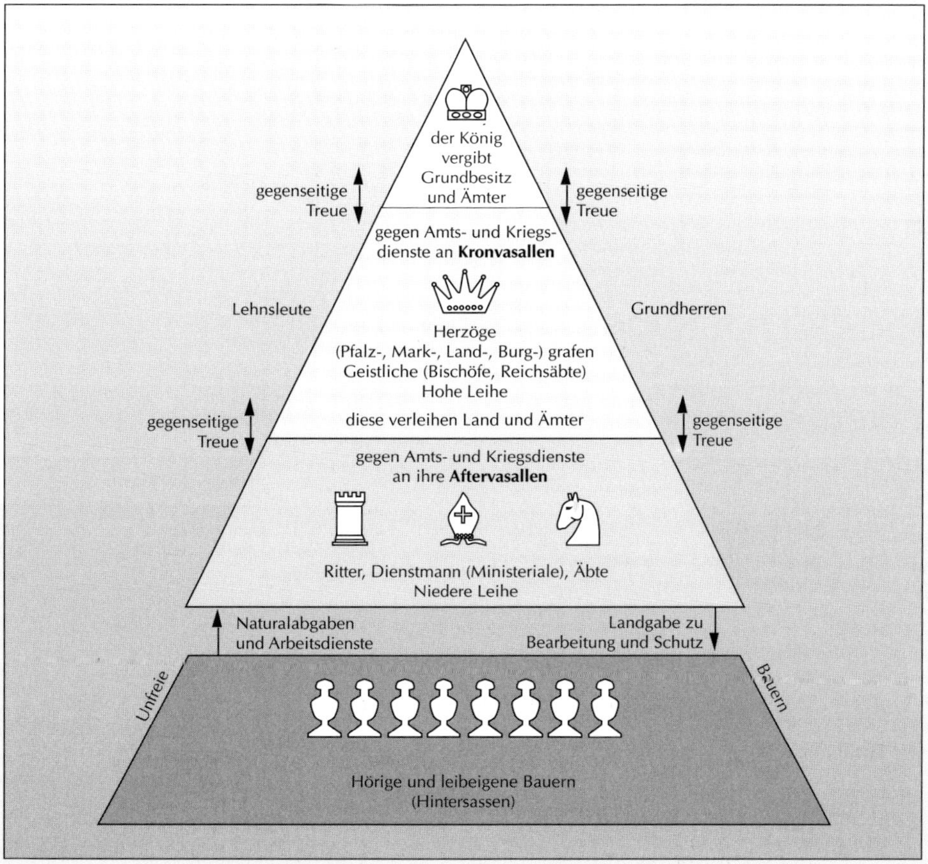

Originalabbildung in Meyers Lexikon 1980

Der Kunde ist König!
Er sitzt oben und bezahlt die **Mitarbeiter**
für ihre Dienstleistung
– Dienst und Leistung.

Die Mitarbeiter bezahlen ihre **Manager**
für deren Dienstleistung
– Dienst und Leistung.
Sie sind die Kunden ihrer Manager.

Die operierenden Einheiten, Niederlassungen,
Werke und Profit-Center bezahlen die
Zentralbereiche für deren Dienstleistung
– Dienst und Leistung.

Das ganze Unternehmen bezahlt die
Geschäftsführung und den Vorstand
für deren Dienste und Leistung:

- Orientierung geben,
- Visionen vermitteln,
- Zukunft gestalten.

Die Dienstleistungs-Pyramide

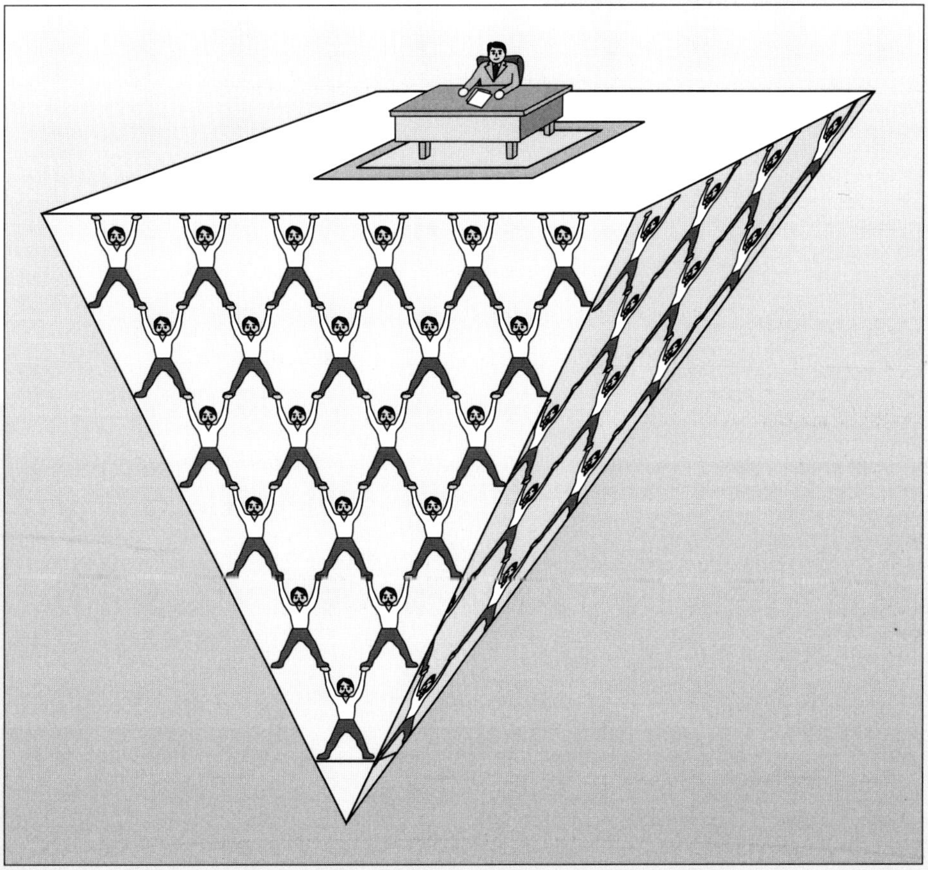

Auf dem Kopf stehende Pyramiden
sind zwar nicht „normal“
– der heutigen Norm entsprechend.
Sie sind aber „natürlich“,
der Natur gemäß.

Der Vorstand steht unten
und trägt viel Verantwortung.

Der Vorstand wird getragen
von den Aktionären,
sozusagen den Wurzeln
des Unternehmensbaumes.
Diese bekommen einmal im Jahr
Dividende – die bunten Blätter.

Die Lebenspyramide

2. Der Manager: Dompteur oder Dienstleister

Der dressierte Affe

Am Strand in Thailand sehe ich auf einer Palme einen Affen, der reife Kokosnüsse pflückt. Ein dünnes Kettchen verbindet ihn mit seinem Herren. Der Affe zieht an der Kette, wenn er nach oben mehr Platz braucht. Als er keine Nuß mehr als reif empfindet, zieht er sehr feste an der Leine. Der Thaijunge läßt los, und der Affe springt direkt in den Wipfel der nächsten Palme. Selbstverantwortliches Handeln nennt man das in der Arbeitswelt. Abends sitzen wir mit den anderen Dorfbewohnern zusammen und unterhalten uns über das „Vermögen" der Affen, die richtige Reife der Kokosnuß abzuschätzen. Das was der Affe vermag, ist sein Vermögen. Und wenn man sein Vermögen aktiviert, macht es allen Beteiligten Spaß. Bekommen unsere Mitarbeiter auch immer ihren Freiraum, wenn sie an ihrer Kette ziehen? Dürfen bei uns die Mitarbeiter einfach eine Dienstreise machen, um schneller zum Kunden zu kommen? Wozu dann die Reiseanträge mit vier Unterschriften? Dürfen die Mitarbeiter intuitiv selbst entscheiden, ob „eine Kokosnuß reif ist"? Nutzen wir in den Unternehmen das Vermögen der Mitarbeiter wirklich oder „dressieren" wir sie?

Ein geschäftstüchtiger Mann hatte in Thailand die Fähigkeiten der Affen erkannt und stellte 100 Männer mit ihren Affen ein, die für ihn Kokosnüsse holten. Die Männer wurden danach bezahlt, wieviele Kokosnüsse die Affen von einer Palme pflücken. Ein schlauer Thaimann dressierte seinen Affen darauf, die Bäume komplett leer zu pflücken. Dazu mußte der Affe allerdings seinen natürlichen Instinkt unterdrücken, nur reife Nüsse zu ernten. Die Dressur geschah folgendermaßen: Er schickte seinen Affen dieselbe Palme solange hinauf, bis alle Nüsse gepflückt waren. Zur Belohnung band er dann dem Affen ein kleines silbernes Glöckchen an das Halsband. Zuerst störte es den Affen. Aber als die anderen Affen das Glöckchen stehlen wollten, erkannte er dessen Wert: Das Statussymbol war erfunden!

Als sich die Beschwerden auf dem Markt über die vielen unreifen Kokosnüsse häuften, stellte der Unternehmer Qualitätskontrolleure ein. Doch leider konnten die unreifen Nüsse nicht mehr auf die Palme gebracht werden. Das System der Prämie und Statussymbole funktionierte hervorragend. Die Produktionszahlen wuchsen planmäßig. Dies stellten die hauptamtlichen Controller mit Stolz und schönen Grafiken fest. Der Markt war allerdings mit so vielen Kokosnüssen überfordert. Das Richtfest der Lagerhalle in Thailand wurde zu einem öffentlichen Fiasko, da kein Mensch mehr Kokosnüsse sehen konnte und die Banken wegen der sinkenden Absatzzahlen nervös wurden. Deshalb entschloß man sich zum Lean-Management. Die Kosten mußten runter – koste es, was es wolle. Zuerst mußten die Affen weg; das Futter kostete viel zu viel. Der Verkaufserlös für die Affen war aber nur gering, weil ihnen ihr Vermögen, reife Kokosnüsse zu erkennen, abdressiert worden war. Danach wurden die Kokosnußzähler als Erbsenzähler nach Deutschland verkauft. Die 100 Thaimänner tragen jetzt viele silberne Glöckchen und tanzen vor den Touristen.

Vieles, was wir in Deutschland für normal halten, ist vielleicht gar nicht natürlich. Es entspricht zwar der Norm, daß Menschen nach ihrer „Drehzahl“ am Band bzw. im Büro bezahlt werden. Entspricht es aber auch ihrer Natur, immer nur dasselbe zu tun, oder ist dies die Dressur zur tödlichen Routine, vor der schon Adam Smith (1723–1790) gewarnt hat: „Die Menschen dürfen nicht durch zu viel Routinetätigkeit dequalifiziert werden“. Es ist heute auch normal, viele natürliche Fähigkeiten der Menschen aus der Arbeitswelt auszublenden: Gefühl, Intuition, Verstand, Vernunft, subjektives Urteilsvermögen, persönliche Einschätzungen und gesunden Menschenverstand. Dieses Vermögen dürfen sie erst nach 17.00 Uhr wieder benutzen. Aber nicht als Angestellte. Sie könnten ja sonst etwas anstellen. Tagsüber werden diese Fähigkeiten abgestellt. Es gilt heute als normal, seine Personalverantwortung morgens an der Pforte abzugeben – an seinen Chef. Ist das auch natürlich? Im Lexikon gibt es einen Begriff, wenn ein Verhalten wider die Natur ist: „widernatürlich, pervers“. Vielleicht haben wir zuviel Perverses in der Arbeitswelt zur Normalität gemacht und betrachten dies jetzt als normal, obwohl es nicht natürlich ist.

Das Wort „Manager“ kommt von:

- „maneggiare“ (ital.: handhaben)
- „manus“ (lat.: Hand)
- Manege

Es ist Diebstahl, anderen Menschen ihre Entscheidungen abzunehmen.

Der Manager: Alles im Griff

Der Vorgesetzt wird vorgesetzt.
Und sitzt dann vor – den Sachbearbeitern.

Die bearbeiten ihre Sachen – nicht ihre Kunden.

Sie sitzen eingeklemmt zwischen Eingangs- und
Ausgangskörbchen – wie Legehennen.

Manchmal werden die vorgesetzten
Vorgesetzten zu Abgesetzten.

Der Vorgesetzte
EIN
AUS
EIN
AUS
EIN
AUS

Wie kam es eigentlich zu der Adels-Herrschaft des Managements, obwohl das Feudalsystem schon lange abgeschafft war? Im ausgehenden Mittelalter und zur Zeit der Renaissance entwickelte sich ein stolzes Bürgertum. Der Erfolg von Handel, Handwerk und Finanzwirtschaft steigerte die Macht der freien Bürger, Dörfer und Städte. Die französische Revolution leitete das Ende der Adelsherrschaft ein. Auslöser waren damals die leeren Staatskassen in Frankreich. Die leeren Mägen der Soldaten, Beamten und der vom Staat abhängigen Sozialhilfeempfänger brachten auch die Massen der Bauern in Bewegung, die von ihren Lehnsherren am Existenzminimum gehalten wurden. Die Folgen sind bekannt. Eine Karikatur aus dem Jahre 1789 beschreibt die damalige Situation sehr deutlich: Der Bauer mußte den Adeligen und den Priester tragen.

Ähnlichkeiten mit unserer heutigen Zeit sind nicht zufällig: Wenn ein typischer Arbeitnehmer in Deutschland monatlich DM 2.500 netto erhalten will, muß seine Leistung im Monat nicht nur diese DM 2.500 wert sein – und zwar am Weltmarkt. Er muß auch noch am Markt weitere DM 2.500 verdienen, um all diejenigen zu bezahlen, die zur Zeit nicht arbeiten: Kranke, Rentner, Arbeitslose usw. Und er muß noch zusätzlich ca. DM 2.000 bis DM 3.000 erarbeiten, um all diejenigen zu finanzieren, die sagen, wie und was er arbeiten soll: Manager und Stäbe, die neuen „Adeligen" und „Hofvasallen".

Der Weltmarkt ist heute aber nicht mehr bereit, das zu tolerieren und drückt auf die Preise. Er bekommt die gleichen Produkte preiswerter aus solchen Ländern, wo die Feudalherrschaft der Manager und Bürokraten oder das Niveau der Löhne und der Lohnnebenkosten geringer sind. Heute löst nicht der Mitarbeiter die Revolution aus, sondern der Kunde. Die Konsequenzen für den Adeligen (Management) und den Priester (Sozialsystem) werden aber vergleichbar sein.

Lean-Management auf französisch

Französische Karikatur aus dem Jahr 1789:
Der Bauer muß den Priester und den Adligen tragen.

Viele Manager spielen Tischfußball.
Sie schrauben ihre Menschen an starren Stellen und Positionen fest – laut Stellenplan.

Sie bringen dann die Menschen in Bewegung – per Anweisung und Motivation.

Wie wirkungsvoll könnten die Menschen und auch die Unternehmen sein: mit Rasen-Fußball,

- ohne Stangen im Kreuz
- ohne Richtlinien
- aber mit Spielregeln.

- Geben wir den Menschen Spielräume (Räume zum Spielen)
- Geben wir ihnen Handlungsspielräume (Räume zum spielerischen Handeln)

Management by Tischfußball

Er darf nicht mehr mitspielen.
Er muß das Team 45 Minuten
alleine spielen lassen.

Er kann nur erfolgreich sein,

- wenn er die richtigen Spieler einstellt
- wenn er die Spieler richtig einstellt
- wenn er ihnen Orientierung gibt
  (auf welches Tor sie spielen sollen).

Er ist nur dann erfolgreich,
wenn das Team erfolgreich ist
– in den Augen der Kunden: der Zuschauer.

Manager als Coach

Führen heißt:
- *fordern*
- *fördern*
- *Feedback geben*
- *aber* **nicht** *mitspielen.*

3. Der Markt: Brave Abnehmer oder kundige Kunden

Der Kunde als Arbeit-Geber

„Der Kunde ist König." Wie leicht ist dieser Satz gesagt, wie schwer gelingt es, ihn täglich in die Tat umzusetzen. Wie sehr haben viele Unternehmen, besonders die Großkonzerne und Behörden, dieses Geheimnis wirtschaftlichen Erfolges vergessen und beschäftigen sich mehr mit sich selbst als mit ihren Kunden. Die Rezession in den letzten Jahren ist die Quittung dafür, daß wir den Kunden aus den Augen verloren haben. Bei den meisten Produkten sind die Verkäufermärkte zu Käufermärkten umgekippt. Der Kunde entpuppt sich als der wirkliche Arbeitgeber, der entscheidet, wem er Arbeit gibt.

Daß der Markt so dynamisch und der Kunde so anspruchsvoll geworden sind, hat einen simplen Grund: Der Kunde ist kundig! Mit Satelliten, Telefon, Fax und Computernetzen ist der Globus zum Dorf geworden und ehemalige Entwicklungsländer in Asien und Osteuropa zu Nachbarn, die den direkten Wettbewerb um die Gunst der Kunden antreten. Der Kunde ist informiert, hat die Wahl, setzt sich die Krone auf und gibt seine Order (englisch: Befehl). Darauf sind weder unsere Konzern- bzw. Behördenapparate noch die darin befindlichen Menschen mental eingestellt. Dafür sind sie ja auch nicht eingestellt.

Die deutsche Sprache entlarvt diesen Zustand sehr treffend. Suchen Sie im Lexikon eine Erklärung für den Begriff„Kunde", so finden sie in Gablers Wirtschaftslexikon überhaupt keinen Eintrag. Im Brockhaus von 1953 steht unter „Kunde": Abnehmer von Waren. Bis 1993 ist bei Brockhaus eine kleine Entwicklung zu erkennen. Jetzt ist ein Kunde ein „Abnehmer von Waren und Dienstleistungen".

Den Begriff „Abnehmer" gibt es seit Anfang dieses Jahrhunderts, als das Fließband eingeführt wurde und die Menschen am Ende des Bandes dankbar ihre Tin Lizzy abnahmen. Ein Abnehmer hat keine Sonderwünsche zu haben. Von Henry Ford stammt das legendäre Zitat: „Bei mir kann jeder Kunde jede Farbe haben, vorausgesetzt sie ist schwarz!"

Auch bei einem süddeutschen Automobilkonzern wurden die Autos noch vor kurzer Zeit gnädig zugeteilt. Man kaufte ja schließlich auch kein Auto. Man stellte einen Kaufantrag, der dann wohlwollend geprüft und mit Auflage von Wartezeiten genehmigt wurde. Bei Banken und Versicherungen ist dieses Verhalten auch heute noch häufig anzutreffen. In diesem System war und ist der Kunde ein Fremdkörper, ein Störfaktor, weil er mit seinen Sonderwünschen dauernd stört. Er behindert den gut organisierten Arbeitsablauf. Er stört den „regelgebundenen Betrieb von Amtsgeschäften" (Max Weber 1921).

Lesen Sie aber im Brockhaus die anderen Begriffe, die zu dem Wortstamm „Kunde" gehören, so machen Sie eine bemerkenswerte Entdeckung. Dort steht: „erkundigen", „kundschaften", „kundig" und „Kunde geben". Die moderne Informations- und Kommunikationstechnik macht den Kunden jetzt wieder zu dem, was er in der Zeit vor Henry Ford und Frederick Taylor war: Ein Mensch, der gekundschaftet und sich erkundigt hat, der jetzt kundig ist und jetzt Kunde gibt – keinen Antrag stellt. Aber darauf sind unsere tayloristischen Fließbandorganisationen bei Industrie, Banken, Versicherungen und Behörden (noch) nicht eingerichtet. Wir denken, handeln und organisieren noch zu sehr in der „geschobenen" Wertschöpfungskette, bei der das Produkt am Anfang steht und der Kunde das letzte Glied in der Kette ist: Als Zielkunde.

„Der Schalterbeamte muß sich stets gegenwärtig halten, daß seine erste und wichtigste Aufgabe die Abfertigung des Publikums ist, gegen welche alle übrigen Arbeiten zurücktreten."

Verfügung der deutschen Postverwaltung 1875

Der Kunde nimmt dankbar ab.

Er stellt demütig einen Antrag,
der gnädig gewährt oder
allwissend und allmächtig abgelehnt wird.

Der Kunde als Störenfried,
der den Frieden in den Behörden,
Banken, Versicherungen
oder Konzernzentralen stört.

Aber die Zahl der Abnehmer
nimmt heute immer mehr ab.

Der Kunde als Abnehmer

Wenn der Abnehmer nicht freiwillig abnimmt,
was sich das Unternehmen für ihn ausgedacht
und was es für ihn produziert hat,
wird er zum **Zielkunden.**

Bis er zufrieden ist:
– zu und in Frieden ruht.

Warum machen wir unseren Kunden
nicht neugierig (gierig auf Neues)?
Warum begeistern wir ihn nicht?
Warum sorgen wir nicht dafür,
daß er sich bei uns wohlfühlt?

Gefühle verbinden.
Menschen schaffen Kundenbindung.

Der Zielkunde

Das Bild von Knecht und Herr, von oben und unten, ist nicht die richtige Basis für das Geschäft. Geschäftspartner sind gleichrangig:

- Firmen und ihre Kunden
- Unternehmensbereiche und ihre internen Kunden
- Führungskräfte und die Mitarbeiter als Kunden.

Voraussetzung für den Erfolg im Geschäft der Zukunft ist die gegenseitige Achtung, Respekt vor dem Menschen: Der Respekt des Schaffners vor dem Zuggast und die Achtung des Gastes vor dem Dienstleister.

„We are Ladies and Gentlemen, serving Ladies and Gentlemen." (Leitspruch in einem Hotel)

Das Bild vom Kunden als Abnehmer hat ausgedient. Die Gegenreaktion des Kunden als gnadenlosem König hat gerade in der Automobilzulieferindustrie viele Opfer gekostet.

Partnerschaft, die Partner schafft

Die „geschobene" Wertschöpfungskette:
Kundenbedrückung

Der Entwickler denkt, der Vorstand lenkt.
Die Produktion produziert, der Vertrieb vertreibt
(hoffentlich nicht die Kunden).
Der Kunde ist das letzte Glied in der Kette.
Er wird erdrückt von der „geschobenen" Kette.
Er wird und ist bedrückt.

Die „gezogene" Wertschöpfungskette:
Kundenbeziehung

Der Kunde gibt Kunde. Er zieht.
Das ganze Unternehmen reagiert sofort.
Alle Glieder der Kette sind Dienstleister
ihrer externen und internen Kunden:
sie dienen und leisten.

Kundenbeziehung: Der Kunde zieht

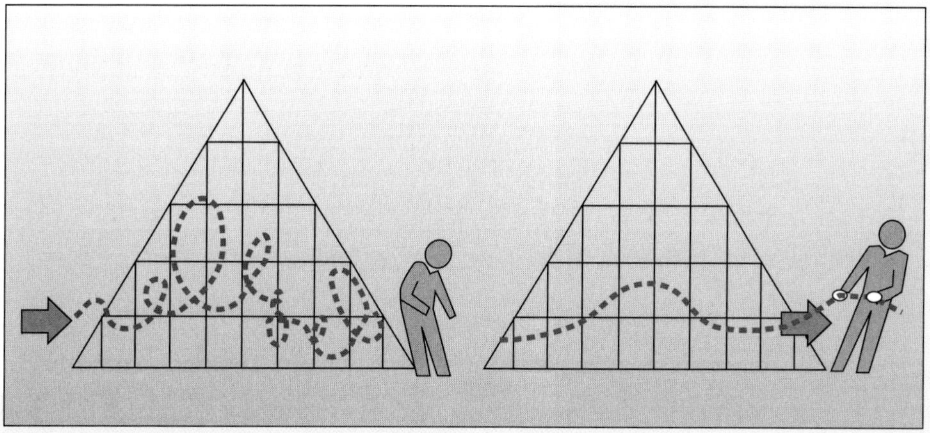

Wenn der Kunde zieht, sind die Geschäftsprozesse schneller, kürzer und billiger. Wenn Sie eine Kette bildhaft „von hinten" durch Ihr Unternehmen schieben, ergeben sich Bögen und Schleifen.

4. Das Unternehmen: Starre Institution oder vitaler Organismus

Das lebendige Unternehmen

Im Gegensatz zu der üblichen Darstellung eines Unternehmens als komplizierte Maschinerie mit festen Regeln und formalisierten Kommunikationswegen kann man es sich auch als komplexen Organismus vorstellen, das heißt als einen Verbund von Organen und Zellen, die über ein Netzwerk von Nerven und Hormonen miteinander kommunizieren. Beim lebendigen Organismus wird echte Arbeitsteilung praktiziert in einer echten „Vertrauensorganisation“. Jedes Organ arbeitet im Vertrauen darauf, daß auch die anderen „ihren Job tun“. Kein Organ fühlt sich einem anderen überlegen, keines ist höher als das andere. Ob Herz, Lunge, Nieren, Augen, Gehirn oder die Haut: kein Organ kann ohne das andere existieren. Die einzelnen Organe haben auch kein Interesse, übermäßig zu wachsen – außer bei Krebs. Bei Störungen, Angriffen und Gefahren wird nicht erst ein Schuldiger gesucht, der gegen eine Regel verstoßen hat. Sondern über schnelle Regelkreise gesteuert, versuchen alle gemeinsam, das Problem zu lösen. Hier gibt es keinen obersten Befehlshaber, dem alle zu gehorchen haben, keine Bürokratie und keine Bürokraten. Netzwerke, Rückkopplung und Selbstorganisation sind die Geheimnisse des dynamischen Gleichgewichts in der Natur. So bleiben beispielsweise Körpertemperatur, Blutdruck und der Salzgehalt in den Zellen durch schnell wirkende Feedbacksysteme konstant.

Die lebenswichtigen Funktionen sind stark dezentralisiert in Organe, die weitgehend autonom arbeiten. Jedes Organ ist für sich eine Einheit, aber gleichzeitig auch Teil des gesamten Körpers, und das Ganze ist mehr als die Summe der Teile. Nach klassischer Organisationslehre gibt es sozusagen drei Hierarchieebenen: Zellen, Organe und den Organismus, eventuell noch eine vierte, den Vogel- oder Fischschwarm, sozusagen den Konzernverbund.

Um die Wirksamkeit dieser Netzwerkorganisation im Gegensatz zur tayloristischen Bürokratie-Organisation zu verdeutlichen, bitte ich Sie, sich folgende fiktive Situation vorzustellen:

Sie begegnen auf der Straße einem Betrunkenen. Ihr Auge sieht, wie der Mann mit der Faust ausholt. In einer heute üblichen Unternehmensorganisation würde sich dann in etwa folgendes abspielen: Das Auge schickt ein Telefax an seinen zuständigen Vorstand und entschuldigt sich zunächst für die Störung mit dem Hinweis auf die Gefährlichkeit und Einmaligkeit der Situation:

Auge an Vorstand:
1) Eine Faust kommt auf uns zu!
2) Erbitte die Genehmigung, das Lid schließen zu dürfen.
3) Empfehle Ausweichschritt und gegebenenfalls Flucht.

Vorstand an Auge:
Ich möchte keinen Präzedenzfall schaffen. Legen Sie mir deshalb bitte einen Investitionsantrag für das Schließen des Lides mit Aufwand und Nutzen vor. Wie Sie wissen, bin ich für Punkt 3 nicht zuständig. Machen Sie mir bitte eine Vorstandsvorlage. Ich werde Ihr Anliegen dann im Gesamtvorstand vortragen.

Auge an Vorstand:
zu 1) Die Faust kommt immer näher!
zu 2) Der Aufwand für das Schließen des Lides beträgt circa 1,7 Kalorien. Der Nutzen ist nicht quantifizierbar.
zu 3) Für die Vorstandsvorlage brauche ich mindestens zwei Tage. Befürchte, dann ist es zu spät. Empfehle dringend, etwas zu unternehmen.

Vorstand an Auge:
Was heißt immer näher? Bitte exakte Angaben! Angesichts der begrenzten Investitionen könnte ich zustimmen, wenn der Aufwand durch das Budget gedeckt ist. Der Gesamtvorstand tagt erst nächste Woche Dienstag. Bis dahin erwarte ich Ihre Vorlage.

Auge an Vorstand:
Ich ziehe meine Anträge zurück. Bestellen Sie bitte einen Krankenwagen.

Das Unternehmen als lebendiger Organismus: Eine absurde Idee oder ein realistisches Bild, wie es in einem Unternehmen wirklich läuft? Spüren wir nicht das Immunsystem des Organismus, wenn ein Neuer kommt, wenn zwei Bereiche zusammengelegt werden? Aktiviert der Organismus nicht alle Abwehrkräfte gegen Eindringlinge, bis sie entweder assimiliert, sinnvoll eingefügt oder wieder abgestoßen sind? Erkennen wir nicht immer mehr, wie die Selbstheilungskräfte des Körpers „Unternehmen" durch Moderatoren, Change Agents oder Selbstorganisation aktiviert werden können? Homöopatie und Akupunktur statt Chirurgie und Amputation.

Die belebte Natur ist ein guter Lehrmeister. Sie hat seit Millionen von Jahren überlebt, weil sie lernfähig ist, weil sie sich flexibel angepaßt hat und weil sie die wachsende Komplexität in einem Organismus durch schnelle Rückkopplungssysteme und Selbstorganisation im Griff behält. So beschäftigt das „Unternehmen Mensch" ca. 100 Billionen Zellen als „Mitarbeiter" und schafft es auf sehr intelligente Weise, daß die Zusammenarbeit der Zellen reibungslos klappt. Die rechte Hand weiß, was die linke tut. Das Nervensystem sorgt für schnelle Verbindungen: wie die Informations- und Kommunikationstechnik in den Unternehmen. Die moderne Technik erlaubt jetzt, eine Organisation wie einen Organismus zu gestalten. Ein Unternehmen lebt und hat eine eigene Identität, eine „Persönlichkeit".

Jeder lebendige Organismus hat eine „Oberfläche", die ihn als Einheit von der Außenwelt abgrenzt, aber auch gleichzeitig mit der Außenwelt verbindet. Mit eigener Identität ist er immer auch Teil eines größeren Ganzen. Diese Eigenschaft haben im Sinne der Selbstähnlichkeit auch alle Bestandteile des Organismus. Jedes Organ hat eine „Oberfläche", eine Membran, die es zu einer Einheit macht, und gehört doch zu einem größeren Verbund. Jede Zelle grenzt sich durch die Zellenwand ab und ist doch Teil eines Organs. Übertragen auf das Wirtschaftsleben ist jedes Unternehmen Organ und Organismus zugleich.

Der Organismus „Unternehmen“ mit seinen Organen, Zellen und Prozessen

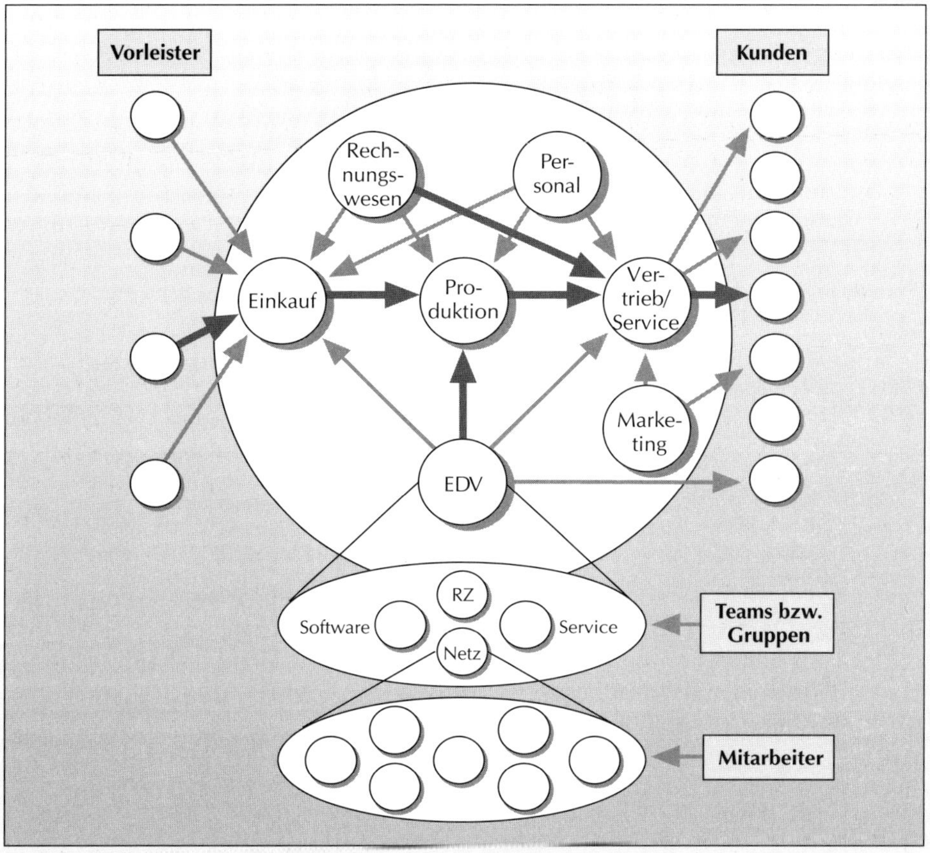

Diese „Leistungslandkarte“ erleichtert den Überblick über das ganze Unternehmen und macht seine Hauptleistungsprozesse transparent. Sie zeigt Zusammenhänge, d. h. wie die Leistungszentren und die Kunden zusammenhängen.

Die Richtlinie richtet alle aus und ab.
Damit ja keiner was anrichtet!
Jetzt richtet zwar keiner mehr was an
– aber auch keiner mehr was aus!

Es ist immer wieder erstaunlich,
wie leicht ein Sachbearbeiter
in der Konzernzentrale
die geballte Kraft des Außendienstes
lahmlegen kann
– mit einer einzigen Richtlinie.

Machen Sie doch die Richtlinie
zur Startlinie.
Aber sagen Sie bitte vorher
dem Sachbearbeiter Bescheid.

Die Richtlinie

Die Stelle war bei Henry Ford
der Platz am Fließband, an den der
ungelernte Tagelöhner gestellt wurde:
als Angestellter.

Solange in den Unternehmen
Stellen beschrieben, bewertet,
besetzt und bezahlt werden,
spielt der Mensch im Unternehmen
keine Rolle.
Er ist der „steckkompatible“ Mitarbeiter.
Die Stelle ist seine „Steckdose“,
in die er passen muß.
Bauen Sie doch alle Stellen ab.
Betrauen Sie Menschen mit Aufgaben,
vereinbaren Sie Ziele,
und bezahlen Sie nicht anonyme Stellen,
sondern Personen und Persönlichkeiten
– für ihre Leistung und ihr Vermögen.

Die Stelle:
Einer hat schon gekündigt. Einer versucht eine Job-Rotation.
Der Abteilungsleiter hat ein Eckzimmer.

Alle Menschen werden als Unikate geboren. Viel zuviele sterben als Kopien.

5. Die Informationstechnik: Gängelband oder Nervensystem

Die vernünftige Rationalisierung: Aktivieren statt Amputieren

Der Begriff „Rationalisierung" kommt von Ratio, die Vernunft. Rationalisierung heißt also, Menschen vernünftig machen – und dies vernünftig machen. Die Informations- und Kommunikationstechnik kann dabei helfen, Menschen in den Unternehmen „vernünftiger" und kompetenter zu machen, z. B.

1. Den Bankberater, der jetzt einen Kleinkredit in zehn Minuten an seinen Kunden auszahlen kann oder der eine komplexe Baufinanzierung mit allen steuerlichen Konsequenzen für seinen Kunden in drei Alternativen durchrechnet, oft sogar mit seinem Laptop im Wohnzimmer des Kunden.
2. Den Verkäufer von Werkzeugmaschinen, der im Büro seines Kunden in Hongkong die Änderungswünsche auf seinem Laptop grafisch zeichnen, im Zentralrechner in Frankfurt berechnen und sofort ein Angebot mit verbindlichen Preisen und Terminen ausdrucken kann.
3. Den Schadensregulierer einer Versicherung, der am Unfallort auf seinem PC die beschädigten Teile in der Explosionszeichnung des Kundenautos markieren, ein Regulierungsangebot verbindlich ausdrucken und dem Kunden sofort einen Scheck überreichen kann.

Diese und viele andere Menschen handeln vernünftig, weil sie viele bürokratische Blindleistungen und Papierbewegungen in Unternehmen vermeiden. Sie erbringen Dienstleistung „Just in Time". Sie „dienen und leisten" etwas für ihre Kunden. Informations- und Kommunikationstechnik erleichtert und ermöglicht die vielgepriesene Kundenorientierung.

Leider haben viele, besonders Dienstleistungsunternehmen, große Schwierigkeiten bei der Umgestaltung ihrer Geschäftsprozesse, weil die Abläufe „in Beton gegossen" sind, in die Anwendungssoftware für die klassische Master-Slave-Architektur: Informationen zentral auf dem Host als „Master" und draußen mit dummen Bildschirmen als „Slaves" mit dem Menschen als Be-Diener. Er dient dem Computer und wird durch die Software „dressiert“, vordefinierte Tätigkeiten zu verrichten, die sich das Management und die Organisatoren überlegt haben. Diese „Master“ dachten, die „Slaves“ bedienten und der Kunde hatte abzunehmen: Als Abnehmer, der am Ende der Wertschöpfungskette das abnahm, was sich der Produzent für ihn ausgedacht hatte.

Heute spüren wir aber eine Renaissance der Kunden. Satelliten, Fax, Telefon und Computernetze haben den Kunden kundig gemacht. Er hat sich erkundigt und gibt jetzt Kunde – per Fax oder Telefon. Die Informations- und Kommunikationstechnik ist Auslöser der Marktdynamik, die den Konzernbürokratien heute so viel zu schaffen macht, die sich auf Kosten der Kunden und zu Lasten der Mitarbeiter entwickelt haben. Die Informations- und Kommunikationstechnik kann aber auch die Lösung sein, wenn man sie innerhalb der Unternehmen nutzt – um die Mitarbeiter kundig zu machen. Die Menschen entwickeln sich dann von Be-Dienern zu Be-Nutzern, die den Computer nutzen, um ihren Kunden Dienste zu leisten.

Leider verhindert die „Feudalherrschaft“ des Managements viel zu oft diesen Weg, weil sie Angst hat vor der „Pressefreiheit“, die dann in das Unternehmen einzieht, weil sie nicht auf ihre „Erbhöfe“ und „Untergebenen“ verzichten will, weil sie lieber von „Schnittstellen“ spricht, als von „Verbindungs- und Nahtstellen“, weil sie um ihr Machtmittel „Information“ bangt.

Die Menschen müssen sich aus den Fängen der Master-Slave-Organisation und der Master-Slave-Architektur befreien. Client-Server-Architekturen machen es möglich: der PC ist der Client, das heißt „der Kunde“. Das Rechenzentrum ist der Server, der „Dienstleister“. Auch der Chef bekommt jetzt Kunden: seine Mitarbeiter. Er wird auch zum Dienstleister. Er dient und leistet für seine Mitarbeiter, damit sie gut und viel Dienst an ihren Kunden leisten können. Er rationalisiert seine Mitarbeiter, damit sie mehr vermögen und mehr leisten können.

Der Mensch als **Be-Diener:**

Er dient dem Computer.
Man kann mit Computern
bestehende Hierarchien elektrifizieren
und starre Strukturen betonieren
– zum Wohle der Chefs.

Corporate Computing
A

Der Mensch als **Be-Nutzer** der Technik.

Er nutzt den Computer,
um dem Kunden zu nutzen
und damit auch dem Unternehmen.

Der Kunde erhält sein Flugticket, seine Auftrags-
bestätigung, seinen Kreditvertrag und seinen
Scheck von der Versicherung „just in time“.

Die Computersysteme sichern
die Entscheidung ab
mit den notwendigen Informationen.
Who needs a boss?

Customer-oriented Computing

6. Die Mitarbeiter: Kostenfaktor oder Vermögen

Das Unternehmensvermögen ist das, was die Mitarbeiter vermögen

In deutschen Unternehmen ist „totes Vermögen" immer noch mehr wert als „lebendiges Vermögen". Den Stuhl eines Ingenieurs finden wir auf der Aktivseite der Bilanz. Der Ingenieur selbst erscheint nur als Kosten in der G+V. In den letzten Jahren haben die Firmen ihr Zahlenwerk in Ordnung gebracht, indem sie Stühle gekauft und die Ingenieure entlassen haben. Das Ergebnis: Entmutigte Arbeitslose, entnervte Frührentner und enttäuschte Hochschulabsolventen ohne Aussichten auf einen Job.

Die Wirtschaftsführer haben sich gemeinsam mit den Gewerkschaften zu sehr darauf konzentriert, Kosten zu sparen, statt die Menschen zu entfesseln und zu entfalten, damit sie mehr vermögen und bei ihren Kunden mehr verdienen können. Dann könnten sie selbst auch mehr verdienen. Die Optimierung des Kapitalnutzens hat in den deutschen Unternehmen noch zuviel Vorrang vor der Optimierung des Personalnutzens. Allerdings erkennen wir immer mehr, daß das Vermögen der deutschen Firmen nicht nur aus Fließbändern, Maschinen, Gebäuden und Bankkonten besteht, sondern daß das Vermögen das ist, was die Mitarbeiterinnen und Mitarbeiter vermögen. Die Bilanzrichtlinien sind allerdings noch auf dem Stand von Ford und Taylor, für die die Menschen nur Hände, aber keine Köpfe hatten, bei denen Menschen nur Personalnummern, aber keine Personen waren und keine Persönlichkeiten.

Erfreulicherweise erleben wir in vielen Unternehmen eine zweite Renaissance: Die Renaissance der Persönlichkeit und die Ent-Deckung der Mitarbeiter im Unternehmen. Der Wert des Menschen wird wieder ernster genommen. Man erinnert sich an ein Zitat von Heinrich Nordhoff aus dem Jahr 1966: „Den Wert eines Unternehmens machen nicht seine Gebäude, Maschinen und auch nicht seine Bankkonten aus. Wertvoll an einem Unternehmen sind die Menschen, die dafür arbeiten und der Geist, in dem sie es tun." Um dieser Renaissance zum Durchbruch zu verhelfen, müssen allerdings einige ungeschriebene und geschriebene Regeln aus der Zeit der Monarchie und des Frühkapitalismus geändert werden, damit die Unternehmen wieder fit und vital werden können: z. B. starre Arbeitszeit und Bezahlungssysteme. Denn in Zukunft wird nicht das abgemagerte Unternehmen überleben, sondern das bewegliche, flexible und fähige, bei dem die Menschen viel vermögen und viel verdienen. Dazu müssen wir den Menschen Mut machen, etwas zu unternehmen: als Unternehmer im Unternehmen. Und wir müssen den Mitarbeitern Mut machen, über sich selbst – aber auch über uns selbst – hinauszuwachsen.

Wer in den Fußstapfen anderer läuft, kann nie überholen.
(Konfuzius)

Fördern Sie und Fordern Sie.

Befördern Sie nicht.

Entwickeln müssen sich die Menschen schon selbst.

Lassen Sie aber die Menschen wachsen:

- über sich selbst hinaus und
- über Sie selbst hinaus.

Personalentwicklung als Vermögensentwicklung

Ihr Vermögen ist das, was Sie vermögen:

- Ihr Können und Wissen
- Ihre Fähigkeiten und Tätigkeiten
- Ihr Know-how („Gewußt wie“)
- Ihre Erfahrungen
  („wo Sie überall herumgefahren sind“)
- Ihre Wünsche und Visionen
- Ihre Initiative und Intuition
- Ihre Freunde und Ihr persönliches Netzwerk
- Ihre Lebensfreude und Ihre Begeisterung
- Ihr Finanz- und Sachvermögen

Kompetenz ist kein Besitz, auf dem Sie sitzen.
Kompetenz ist Ihr Vermögen:
Das, was Sie vermögen

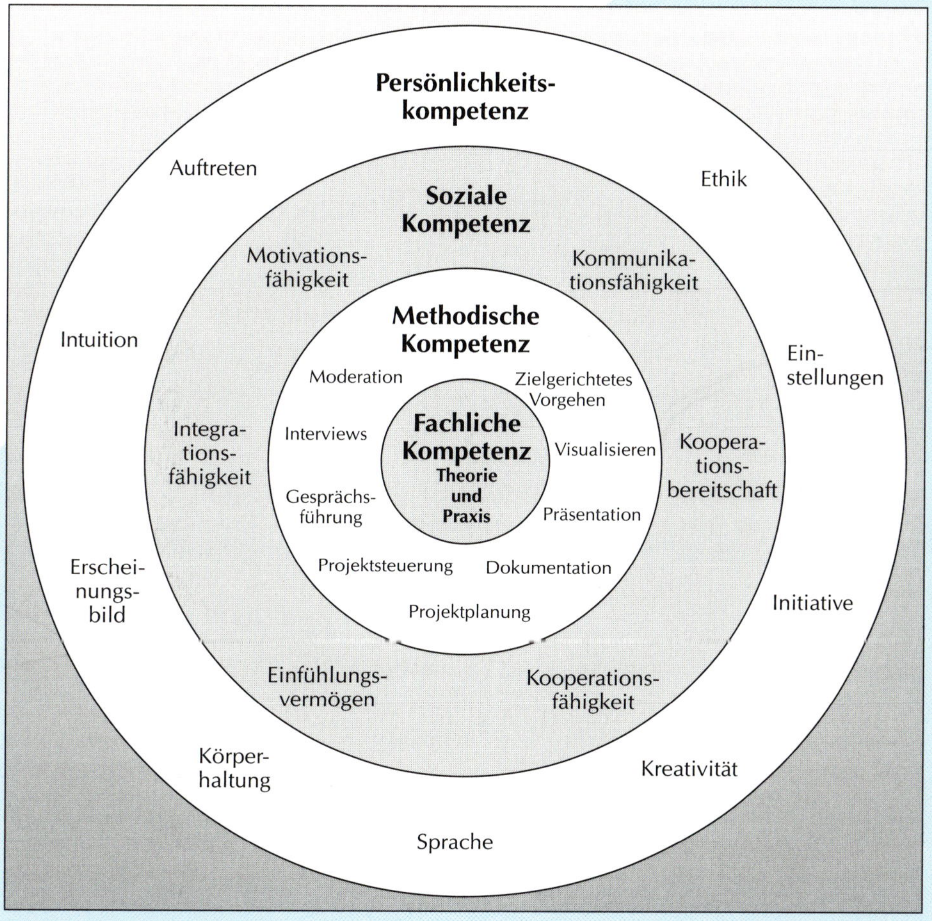

Zwei Menschen begegnen sich mit ihrem Vermögen:

- der Bankberater mit seinen Kunden
- der Verkäufer mit seinen Kunden
- der Arbeiter mit seinen Kollegen.

In den ersten Augenblicken „berühren" sie sich mit der äußersten „Schale" ihres Vermögens. Erst wenn die „Chemie stimmt", kann die Kommunikation beginnen. Wenn beide noch „die gleiche Sprache sprechen", können sie mit ihrer methodischen und fachlichen Kompetenz das Thema besprechen.

Wie oft verursacht die Mißachtung dieses Prozesses Probleme?

Was tun wir zur Entwicklung und Aktivierung der äußeren Schalen im Berufsleben?

Welche Beachtung schenken wir bei der Mitarbeiterauswahl den äußeren Schalen?

Wie honorieren, bewerten und bezahlen wir diese Vermögenswerte?

Die Begegnung

7. Die Karriere: Lauf-Bahn oder Werde-Gang

Karriere in schlanken Unternehmen: Karriere als „Vermögensentwicklung“

Bisher hatte die Hierarchie eine Doppelrolle. Zum einen war sie als Organisationsmittel für die ungelernten Menschen am Fließband bei Ford oder in den Söldner-Heeren notwendig. Zum zweiten war sie für die Darstellung von Lebenskarriere ge- bzw. mißbraucht worden, zumindest bei der Lehnsherrschaft und beim Militär.

Für die Bauern war es der entscheidende Karriereschritt, „Meier“ zu werden, d. h. von der Leibeigenschaft zum Pachthof, der Meierei. Der Name Meier leitet sich aus dem Lateinischen ab von „major“ (der Größere) und stufte sich in Halbmeier, Meier und Vollmeier. Der Vergleich zu den heutigen Stufen „Stellvertretender Direktor“, „Abteilungsdirektor“ und „Volldirektor“ bietet sich an. Bei den Soldaten wollte man „Major“ werden, mit allen Macht- und Statussymbolen.

In Zukunft wird Karriere entkoppelt werden von der organisatorischen Rolle. Karriere wird nur der machen, der gefragt ist, der seine Kompetenz marktfähig hält – für den externen und internen Markt. Karriere heißt dann nicht mehr, viele Menschen „unter sich haben“, sondern mit vielen Menschen in Verbindung stehen: nicht „Ein-Druck“ machen, sondern „Ein-Fluß“ nehmen. Dazu sind aber Bezahlung und Statussymbole nicht mehr an der Hierarchiestufe auszurichten, sondern an der Kompetenz-Entwicklung einer Person als Persönlichkeit. Die Doppelrolle der Hierarchie muß aufgelöst und der Mensch danach bezahlt werden, was übrigbleibt, wenn Titel, Dienstwagen, Büromöbel und das Amt weggezogen werden. Heute spielt man noch viel zu häufig den „Hauptmann von Köpenick“: Der Mantel zählt, nicht der Mensch.

Die Hetzjagd der Innovationsgeschwindigkeit verkürzt heute die Halbwertzeit des Wissens. Die Karriere als Aufstieg in der Machthierarchie wird deshalb zum gefährlichen Abenteuer. Denn der Aufstieg der Manager, die sogenannte „Schornsteinkarriere“, führt leicht zur Blindheit gegenüber der sich schnell wandelnden Realität an der sogenannten

Basis. Und die Karriere im Elfenbeinturm der Spezialisten führt leicht zum „Fachidiotentum“. In beiden Fällen ist der Absturz vorprogrammiert. In Zukunft zählt nicht die Höhe des Ranges, sondern die Breite des Wissens und der Erfahrung: Mehrfachqualifikation und kommunikative Kompetenz sind gefragt. Wichtig wird es, mehrere Sprachen zu sprechen: Fremd-Sprachen und Fach-Sprachen. Karriere heißt nicht aufsteigen, sondern gefragt sein: von seinen externen und internen Kunden. Karriere bedeutet in diesem Sinne: viel vermögen, nicht viel besitzen (auf vielem sitzen).

Wie kann ich dieses Vermögen entwickeln, wie kann ich es weiterentwickeln? Wie kann ich Karriere machen? Die Antwort gibt uns ein altes Sprichwort: „Wer rastet, der rostet!“ Ich muß schon mein Leben selbst in die Hand nehmen und nicht nur die Akten. Schließlich hat ja jeder Personalverantwortung – für sich selbst! Jedem von uns ist bewußt, daß sich Muskeln abbauen, wenn wir sie nicht benutzen und trainieren. Dies gilt im gleichen Maße für unsere geistigen und sozialen Fähigkeiten.

Für diese Karriere als Werde-Gang müssen allerdings die Manager „ihre“ Mitarbeiter auch loslassen. Lehr- und Wanderjahre werden gefordert und gefördert. Der Personalbereich und die Manager befördern dann die Menschen nicht mehr nach oben, sondern in das nächste Projekt, in den Nachbarbereich oder in das andere Vorstandsressort. So erweitern die Menschen ihren Gesichtskreis – nicht durch Aufstieg, sondern durch Bewegung. Job Rotation als Jogging fürs Gehirn. Menschen bereisen gerne neue Länder. Sie sind neugierig – gierig auf Neues. Reisen bildet! Denn es gibt Sicherheit. Je mehr man gesehen und erlebt hat, desto weniger Angst hat man vor dem Unbekannten. Nutzen wir doch diese Erkenntnisse und lassen die Menschen auch innerhalb der Unternehmen reisen. Reisen bildet – auch im eigenen Unternehmen! Reisen dient der Völkerverständigung – auch im eigenen Unternehmen mit seinen feindlichen Lagern, die ängstlich über ihre Zuständigkeiten wachen.

Behandle die Menschen beim Aufstieg gut.
Du könntest ihnen beim Abstieg
wieder begegnen.

Die Karriereleiter: Aufstieg wohin?

Karriere (franz.) heißt
„schnellste Gangart des Pferdes" (Duden)

Karriere heißt

- viel Staub aufwirbeln
- viel Lärm machen
- viel niedertrampeln

Karriere als Laufbahn

Die „alte“ Karriere:

- Macht haben als Machthaber
- „Personalverantwortung“ haben
- Menschen unter sich haben
- Status haben
- Statussymbole haben
- Titel haben
- Informationen haben
- Alles im Griff haben
- Immer mehr haben: wovon, wofür?

Karriere als Besitz macht süchtig.
Viele Menschen können dann auch nicht mehr loslassen: ihren Status, ihre Statussymbole, ihr Amt und ihren Besitz. Aus Angst, den Posten zu verlieren, gehen sie kein Risiko mehr ein: Nur keine Experimente, Verwalten statt Gestalten, Anpassen und Passen, Unterlassen statt Unternehmen. Das Ergebnis ist der Verlust des persönlichen Vermögens und die Beförderung bis zur Inkompetenz.

Die „alte" Karriere: Aufstieg bis zur Inkompetenz?

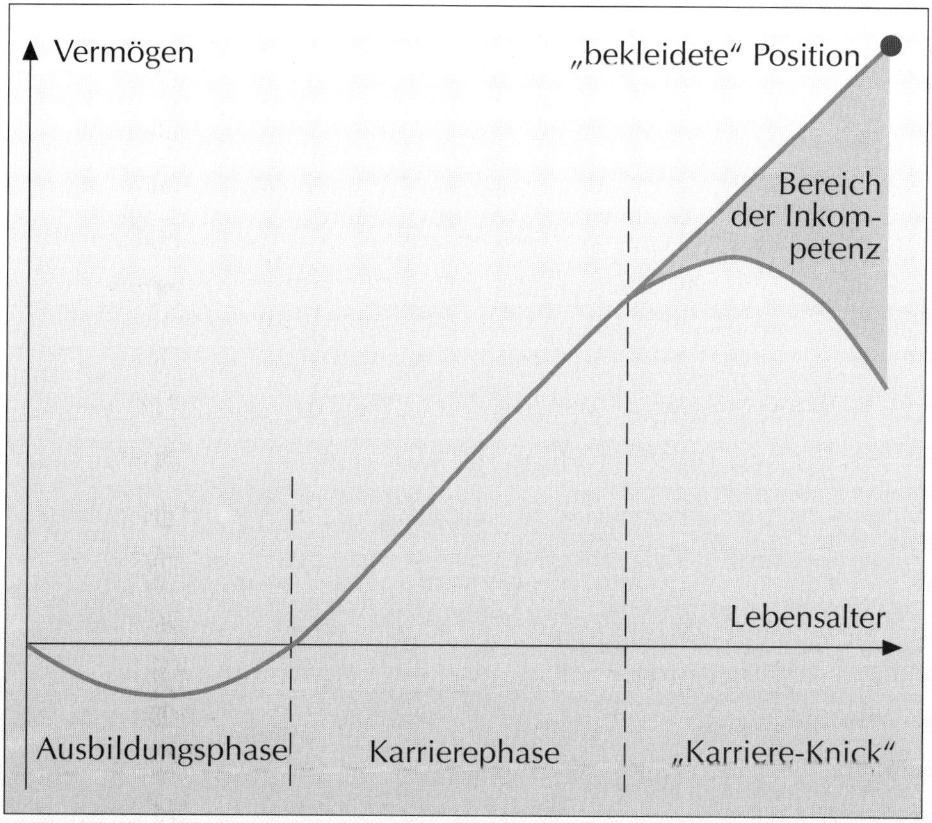

Ausgebildet wird man in der Schule.
Eingebildet wird man durchs Examen.
Und dann macht man Karriere!

„Werde-Gang" heißt „gehen" und dabei „werden". Kompetenzen werden nicht „von oben" verliehen wie Beförderungen und Titel in traditionellen Hierarchien. Sie müssen erarbeitet werden durch kontinuierliche Verbreiterung der Wissensbasis, den Aufbau eines großen Erfahrungsschatzes, das Knüpfen vieler Kommunikationsbeziehungen zum Austausch von Informationen und natürlich lebenslanges Lernen. Die Lehr- und Wanderjahre der Handwerksgesellen sind heute die „Lern- und Wandeljahre". Aber sie dauern jetzt ein Leben lang.

Karriere bedeutet jetzt nicht mehr, auf symbolischen Leitern hochzuklettern, auch nicht äußere Rangabzeichen wie beim Militär zu erreichen oder Quasi-Rangabzeichen wie einen Schreibtisch mit Holzplatte oder Stuhl mit Armlehne.

Karriere bedeutet auch nicht mehr, zehn, zwanzig oder hundert Mitarbeiter „unter sich" zu haben. Karriere heißt jetzt, Kompetenz und Ansehen entwickeln. Karriere heißt:

- Man fragt Sie.
- Man holt Ihren Rat.
- Man gibt Ihnen Informationen.
- Man läßt Ihnen viel Spielraum (Räume zum Spielen).
- Man weiß, daß Sie etwas bewegen, und man läßt Sie etwas bewegen.
- Man vertraut Ihnen und traut Ihnen viel zu.

Kurz, Sie sind gefragt, bei Kollegen, bei Kunden und bei Führungskräften – nicht wegen Ihres Ranges, sondern wegen Ihrer Kompetenz und Ihrer Persönlichkeit.

Die „neue“ Karriere:
Werde-Gang und Gehirnjogging halten fit

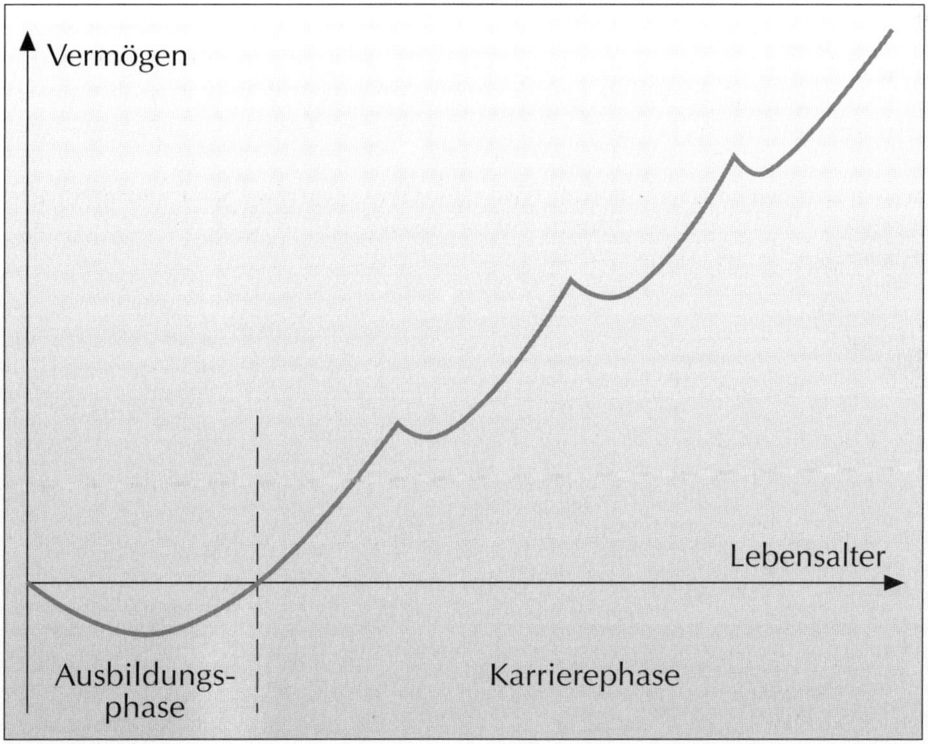

Ein Fach ist ein gefährlicher Platz,
wenn sich die Themen schnell ändern.

Werden Sie Experte:
Wenn Sie Experimente machen,
bekommen Sie Experience
und entwickeln Expertise.
So werden Sie wertvoll – voller Wert.

„Lernen ist wie Schwimmen gegen den Strom.
Sobald man aufhört, treibt man zurück."

(Benjamin Britten)

Der Fachmann

8. Die Führung: Unterlasser oder Unternehmer

Die 17.00 Uhr-Unternehmer

Die Marktwirtschaft ist weltweit auf dem Siegeszug – auch innerhalb Ihres Konzerns und Ihrer Behörde? Mit einem kleinen Test können Sie erkennen, welches Wirtschaftssystem bei Ihnen vorherrscht. Stellen Sie sich morgens eine Stunde lang an die Pforte Ihres Werkes oder an die Eingangstür Ihres Bürohauses und hören Sie, worüber sich die Mitarbeiterinnen und Mitarbeiter unterhalten, wenn sie zur Arbeit gehen:

- „Was unternehmen wir heute für unsere Kunden?"
- „Was unternehmen wir heute im Unternehmen, in der Gruppe, am Band, Büro?"
- „Was hast Du am Wochenende unternommen?"
- „Was unternehmen wir heute abend?"

Haben wir den Begriff des Unternehmens aus dem Unternehmen vertrieben? Wenn die Menschen das Wort „unternehmen" nur noch mit der Freizeit verbinden, dann haben Sie es fertiggebracht, hochmotivierte Schul- und Hochschulabgänger zu „17.00 Uhr-Unternehmern" zu machen. Menschen, die nach 17.00 Uhr Vorstand sind: im Kaninchenzüchterverein, im Tennisclub oder in der Familie; die eine Theatergruppe gegründet haben, die in der Schattenwirtschaft viel unternehmen, die mit Begeisterung und Mountainbikes Berge erklimmen. Leistung macht Lust, Routine macht Frust. Menschen übernehmen nach 17.00 Uhr Personalverantwortung für sich (für ihr Handeln und Nichthandeln). Sie erziehen ihre Kinder ohne Führungsrichtlinien und Organisationsanweisungen. Sie unterschreiben ohne Sechsaugenprinzip einen Scheck über DM 40.000 und kaufen sich ein Auto. Sie sind kreativ, initiativ und auch ein bißchen chaotisch.

Aber morgens um 7.00 Uhr ist die Welt wieder in Ordnung: Für einen Reisekostenantrag Bundesbahn 2. Klasse zu DM 27,80 brauchen sie wieder vier Unterschriften. Ihre Kreativität geben sie an der Pforte ab und ihre Personalverantwortung beim Chef. Das widerspricht zwar dem § 1 des deutschen Grundgesetzes, in dem das Recht auf eigene Meinung, freie Meinungsäußerung und freie Wahl des Arbeitsplatzes garantiert wird. Aber dies gilt nicht für Menschen im Unternehmen. Sie sind keine Personen mehr, nur noch eine Stelle. Und den Kunden kennen sie häufig nur als Vorgang oder Akte. Kein Wunder, daß in vielen Unternehmen das Wort „Unternehmen" und die Tätigkeit „Unternehmen" aus dem Unternehmen verbannt wurden: Weil Unterlasser ge- und befördert wurden. Weil die Menschen nichts unternehmen sollen, sondern nur das tun dürfen, was per Stellenbeschreibung erlaubt ist. Ein ausgeufertes Richtlinien- (Un)wesen und eine Vielzahl von Kontrolleuren, Kronvasallen und Erbsenzählern achten darauf, daß die Mitarbeiter nur das tun, wofür sie zuständig sind: Was man ihnen von oben zugestanden hat.

Deshalb sind unsere Personalkosten in Deutschland so hoch: nicht weil die Menschen zu viel bekommen, sondern weil die Menschen nur 20 bis 30 % ihrer Fähigkeiten ins Unternehmen einbringen dürfen. Und weil sie noch alle bezahlen müssen, die darauf achten, daß es nicht mehr wird.

Viele Unternehmenschefs
führen mit „harten Fakten“.
Leider gibt es diese
nur über die Vergangenheit
– nie für die Zukunft.

Ein typischer Dialog:
Vorstand an Vertriebschef
(nach Rücksprache mit dem Controller):
„Sie sind genau auf Kurs.
Fahren Sie ruhig weiter und
geben sie mehr Gas.“

Vertriebschef an Vorstand:
„Wir fahren auf einen Graben zu.
Ich empfehle Kurskorrektur nach links.“

Vorstand an Vertriebschef:
„Ich sehe keinen Graben.
Geben Sie endlich Gas.“

„Wir sind genau auf Kurs!“

Vorstand an Vertriebschef:
„Die Telefonkosten sind zu hoch. Einsparen!“
(Die reden zuviel mit den Kunden.)

„Die Reisekosten sind zu hoch. Einsparen!“
(Die reisen zuviel zu den Kunden.)

„Die Ausbildungskosten sind zu hoch. Einsparen!“
(Die wissen zuviel für den Kunden.)

Wir müssen sparen!

Der Vertriebschef wird in die Wüste geschickt:
„Sie haben das Unternehmen festgefahren!
Sie sind entlassen!“

Das Unternehmen sitzt fest

„Wenn du ein Schiff bauen willst,
so trommle nicht Männer zusammen,
um Holz zu beschaffen,
Werkzeuge vorzubereiten,
Aufgaben zu vergeben und
die Arbeit einzuteilen, sondern lehre
die Männer die Sehnsucht nach dem
weiten, endlosen Meer.“

(Saint-Exupéry)

Führen mit Visionen

9. Das globale Dorf: Die Erde schrumpft, wir Menschen wachsen

Der Globus wird klein.
Wir Menschen müssen wachsen (dürfen).

Seit der Renaissance ist die Welt immer größer geworden. Die Menschen mußten mit der „Explosion des Globus" fertig werden, speziell die Europäer, die die ganze Welt bereisten und entdeckten, Kultur exportierten und auch ihre Produkte. Immer neue Abnehmermärkte taten sich auf. Wir lernten, die Trümpfe der Welt für uns zu nutzen: billige Bodenschätze und billige Arbeitskräfte.

Seit wenigen Jahren erleben wir eine Umkehrung der Bewegung. Die Welt wird durch die globalen Kommunikationsnetze gleichsam „zusammengezogen". Satelliten, Computertechnik und globale Logistik machen die Welt so groß wie Frankfurt, München oder Berlin. Sie verbinden die Menschen im „globalen Dorf", als wohnten sie nur in einer anderen Straße. In 48 Stunden bringt die Post ein Paket von einem Stadtteil zum anderen oder UPS ein Paket von Frankfurt nach Hongkong.

Die Machtverhältnisse werden auf dem „implodierenden Globus" neu sortiert. Einerseits werden die Europäer von den ehemaligen Entwicklungsländern Asien und Amerika als Märkte entdeckt. Andererseits entwickeln sich die „braven Abnehmer", die am Ende des Fließbandes das abnahmen, was sich der Produzent ausgedacht hatte, zu kundigen Kunden. Sie nutzen die Netze und machen sich kundig. Der oft zitierte Paradigmawechsel vom Anbietermarkt zum Käufermarkt scheint Wirklichkeit zu werden. Ganzheitliches Denken und Verständnis für die Zusammenhänge (wie alles zusammenhängt) und für die Entwicklungsprozesse werden im „globalen Dorf" (über-)lebenswichtig. Zerlegendes Denken verliert an Bedeutung. Statik wird gefährlich. Wir erleben, wie starre, trennende und kommunikationsbehindernde Macht-, Organisations- und Wirtschaftsstrukturen zerfallen, z. B. Diktaturen und planwirtschaftliche Wirtschaftssysteme in Osteuropa, aber auch innerhalb westlicher Großkonzerne.

Der kundige Kunde erwartet bei den Anbietern und Dienstleistern auch sachkundige Mitarbeiterinnen und Mitarbeiter mit der nötigen fachlichen, sozialen und persönlichen Kompetenz. Er will Menschen, die für ihn viel unternehmen und nicht dauern unterlassen, die verantwortlich sind (Antworten geben) und nicht zuständig (ständig zu). Der Kunde verlangt Menschen, die ihn nicht nur zufrieden machen, sondern die ihn begeistern, neugierig (gierig auf Neues) machen. Und er erwartet, daß diese Menschen selbst begeistert und neugierig sind – nicht nur satt und zufrieden („zu" und „in Frieden ruhen").

Der Kunde weist uns in Deutschland jetzt den Weg zu unseren „vergessenen Trümpfen" – den Menschen in den Unternehmen, mit ihren Händen, aber auch mit ihren Köpfen, mit ihrer Ratio, aber auch mit ihrer Emotion: mit ihrer ganzen Person und ihrer ganzen Persönlichkeit. Wir erleben heute in vielen Staats- und Unternehmens-Behörden diese Renaissance der Persönlichkeit. Wir ent-decken die Potentiale der „totgeregelten" Mitarbeiter, die bisher in den „Käfigen" der starren Stellenbeschreibung gezähmt und durch Richtlinien aus- und abgerichtet wurden.

Das „Dreigestirn" aus Behörden, Gewerkschaften und Arbeitgeberverbänden behinderte mit seinem Vorschriftenunwesen die Aktivierung der „nach 17.00 Uhr-Fähigkeiten" schon vor 17.00 Uhr. Es blockierte gemeinsam mit dem Management in zu vielen Fällen die persönliche Entfaltung und die Weiterentwicklung der Menschen. Sie erreichten dadurch, daß die Menschen „ihre PS",ihre persönlichen Fähigkeiten, ihre Kreativität und ihre Initiative nicht „auf die Straße" zum Kunden bringen konnten. Und sie belasteten den Menschen im Produktionsprozeß zusätzlich noch mit vielen Kosten für die sogenannten „Unproduktiven" innerhalb und außerhalb der Firma. Die Menschen wurden dadurch innerhalb des globalen Dorfes zu teuer, im Vergleich zu den anderen Anbietern. Bei sinkenden Umsatzzahlen entschied das „Dreigestirn", die Menschen zu entlassen, die es vorher zu niedriger Produktivität verurteilt hatte. Der Globus schrumpft. Die Menschen müssen wachsen – an Kompetenz. Sie müssen aber auch wachsen dürfen.

Am ersten Tag deutete jeder
auf sein Land.

Am dritten oder vierten Tag
zeigte jeder auf seinen Kontinent.

Ab dem fünften Tag achteten wir
auch nicht mehr auf die Kontinente.
Wir sahen nur noch die Erde
als den einen, ganzen Planeten.

Sultan Ben Salman Al Saud,
Königreich Saudi-Arabien,
während seines gemeinsamen Raumflugs
mit einem Kubaner und einem Russen (1984)

في اليوم الأول من مدارنا حول الأرض كان كل منا يشير إلى بلده عند مرورنا فوقها ... ولكن مع مرور الأيام وعلى وجه التحديد في اليوم الثالث أو الرابع بدأ كل منا يشير إلى قارته ... ومع قدوم اليوم الخامس لم نلاحظ حتى القارات وبدأنا ننظر إلى الأرض كوكب واحد.

سلطان بن سلمان آل سعود
المملكة العربية السعودية